Espiral Publishing

Y sobre el pino
la estrella

=================

Poesía

=================

Doria García-Albernaz

Y sobre el pino
la estrella

Poesía

Espiral Publishing

Y sobre el pino la estrella

D.R. © Espiral Publishing LLC

Deposito legal: U.S. Copyright office

Imagen de portada: Noris Capin

ISBN-13: 978-0-9981706-1-9
    10: 0-9981706-1-5

Estados Unidos de Norte América, Octubre 2016.

El pasado me acosa con imágenes
—Borges

Tropezar contra sí mismo resulta
En la peor de las caídas.
—Doria García-Albernaz

Dedicatoria

A Pilar Vélez por ser mi Hada Madrina para rescatar mis recuerdos de las sombras.

A Odalys Interián por su gran ayuda y enseñanza.

A mi esposo Víctor por soportar todos mis retos y confiar en mí.

A mi hija Adamary por alentar todos mis sueños.

A mi madre que me bendice con su amor y su ternura a través de la distancia.

A toda mi familia que amo inmensamente y que siempre están en contacto conmigo desde Miami, Puerto Rico, Cuba, Canadá, Uruguay y en otros rincones del mundo.

A mis queridos amigos y lectores que siguen apoyándome.

Prólogo

Aquí estoy para vivir, mientras el alma me suene, con esta cita de *Miguel Hernández*, Doria García Albernaz se nos presenta. Como si de eso se tratara; de vivir. Esa necesidad de vivir a pesar del dolor y la ausencia, a pesar de las distancias y los recuerdos.

Y sobre el pino la estrella es un libro de nostalgias y desencuentros, es una suma de instantes y soledades. Donde el poeta construye sus versos desde la ausencia, desde la desolación presente. Hay siempre en el verso una rememoración. Ella es la que recuerda, unas veces para no olvidar y otras para salvarse. Sentencia: *Lo olvidado y no enterrado, resucita*. En esta compilación de textos, encontramos ese deseo humano por completar la batalla del día a día, en esa lucha desigual el poeta acepta el reto. Hay mucha desesperanza, el mundo es un triste lugar y la poesía salva de tanto horror y de tanto hastío.

En líneas rápidas fluyen estos versos y nos revelan el mundo de sensaciones y búsquedas de la autora, el ser siempre entregado a las preguntas. Nos narra la vida que se debate entre lo difícil de la existencia y la angustia. La memoria del abandono está siempre presente, lo que dejamos, el país es siempre un doloroso recuerdo. A Doria le duele su país y desde ese dolor trae sus versos. Fiel a su mirada, mientras se detiene en sitios y sucesos que rememoran su vida.

Quiero besar la tierra
que me dio vida.
las noches en que la luna
penetraba por mi puerta.
Quiero volver a mirar
El columpio bajo el árbol
y sobre el pino la estrella.

Edifica versos con el paisaje natural, con ese paisaje que quiere rescatar y perpetuar. El poeta no puede desentenderse de su entorno, la familia es vital en su significación de cotidianidad y resistencia. Llama la atención que sus versos oscilan en un contraste casi armónico, entre desamparos y alegrías y entre el abandono y un cierto entusiasmo de vivir. Es la suya una poética del instante y lo inmediato, donde se entrelazan imágenes despojadas de adornos o excentricismo. Versos con un sentido íntimo y social, donde se juntan realidad y palabras, donde todo es espera. Hay implícito un fracaso, un imposible, una perenne melancolía. La voluntad es insuficiente, Doria lo sabe. Nada se puede contra el paso del tiempo. Todos perdemos algo, todos seguiremos heridos. Las cosas que se van jamás regresan. El pasado es irrecuperable, lo sabe la que escribe. Doria se hace eco del sentir borgeano: *El pasado me acosa con imágenes*, y sí, son las imágenes del recuerdo lo que anhelantemente quiere expresar en sus poemas, poesía que es a un tiempo una alabanza a lo más noble del hombre. Que alcanza las más cotidianas expresiones, más allá de entelequias y valores establecidos. Poesía del deseo, del hallazgo y al mismo tiempo de la búsqueda de un espacio en la memoria donde desea agrupar a todos consigo misma.

Escribe una obra de tonos uniformes con imágenes dispersas, el amor que siempre resiste, la cotidianidad y el recuerdo familiar. La realidad en Doria no es compleja, la poeta no tiene pretensiones, el verso exalta la sencillez y la belleza de lo simple. Aunque lo que ignora, eso es lo que busca poseer, ella es, una que contempla ensimismada la creación; pero que no puede permanecer en silencio.

Poesía en el fluir natural de la vida, en ese contacto desnudo con el ser de las cosas, con el yo íntimo. En la poesía nos encontramos y nos desconocemos.

Soy
esta soy
y sin embargo
aun no me encuentro.

En su poesía, el reloj, el mar, la luna, el calendario; son símbolos con los que pronto nos identificamos. La luna es símbolo; pero también es una sombra más. *La luna que es una lánguida sombra de mi vida. Bajo esa sombra me gusta columpiarme.*

Otras veces establece una separación: *"Mi sombra y yo"*, como si se tratara de dos entidades separadas y distintas, dos que han venido a reunirse en el poema, dos que cantan al unísono. Esa forma de llegar al verso con imágenes que la escogen a ella, la exaltación de la naturaleza, el verde y sus palmeras, la isla de sus desvelos, todo como un resorte para apoyar su discurso poético. Doria se regocija con su entorno, la poesía la reconcilia, en diálogo consigo misma escribe, el simple estar, el tema de la fugacidad, el tema de la vida y de la muerte. Ella una que nombra *en lo innombrable y amargo del recuerdo.* *Tropezar contra sí mismo resulta en la peor de las caídas.* Habrá que creerle al poeta, desde su experiencia nos revela, desde la poesía. La introspección es un arma y es un modo de conocimiento. Nos dice además: *temo a mi sombra cuando choca contra mí, haciéndome pedazos.* Vuelven las sombras, las malas sombras que no solo detienen, que también terminan desarmándonos.

No hay batalla por encontrar las palabras, las cosas han sido dadas y se le ofrecen, ella no busca ese sentido trascendente, el anhelo de comunicación puede ser en ocasiones angustioso; pero ella lo supera mientras espera paciente que las palabras la sorprendan y entonces cuando aparecen, son destellos con los que logra narrar su mundo poético. *Lo efímero es el sol* nos dice Doria, testimoniando que hay otra continuidad. La asiste ese sentimiento de humanidad, esa conciencia y empatía con los que sufren. *El mundo se conoce por el grito. Algún lugar del mundo tiene un llanto constante.*

Está en su poesía la presencia de los otros, aunque diga, *yo misma hile el ropaje, que enciende y me acompaña*. El deseo de encontrar un futuro para el hombre y otra realidad, es una posibilidad que solo la poesía le ofrece. Todos hermanados en el dolor y la pérdida. Todo un mundo que se deshace sin esperanza, pero es en la poesía donde renace la fuerza de vida, aún en la más terrible de las soledades. El verso puede redimirnos de tanta angustia, nos da esa ilusión de vida y libertad. Doria nos invita con este libro a recorrer la distancia entre dos tiempos. El tiempo de llorar y el tiempo de reír, el tiempo de plantar y el tiempo de recoger lo plantado. Ese tiempo otro donde *nuestro espíritu brillará y donde descansaremos de la marcha*. Sabe que la poesía es de todos, y que nos acompañará en nuestra triste desolación para ampararnos.

Poesía es la forma de decir
te amo
es la dulce manera de robarte todo
es la alegre caricia de mi voz
cuando no hablo.
Poesía eres
oída por la música del mar
y eres
para el zumbido de los vientos
para el canto y chasquidos
de mis besos.
Contigo la nostalgia de los días
se hace noche.

Eso es la poesía para Doria: Un amparo, *un bosque de latidos y esperanzas. Un mar, un triste mar, para recuperar los sueños que se pierden en la herida.*

Odalys Interián

El recuerdo es algo que se lleva grabado en el pensamiento y en las fibras más profundas del alma. Es una sombra que nos acompaña a todas partes, donde quiera que estemos. El recuerdo nos alegra, nos entristece, nos hace difícil caminar por un mundo desconocido, nos hace meditar y comparar, nos confunde pero también nos alienta. Es la sombra de nuestra propia vida, la que ya no vivimos y quisiéramos volver a vivir, es la sombra de un pasado que está siempre latente en el pensamiento de quien tiene memoria.

Tras esas sombras que ocultan los recuerdos, siempre habrá un desafío.

Las páginas de este libro llevan grabado en cada uno de sus versos girones de una vida vivida con nostalgia, tristeza de lo que quedó detrás, añoranza de lo no vivido, y culpa de abandono, junto al dolor de la pérdida.

Es una recopilación de sentimientos múltiples en un lenguaje sencillamente poético, donde doy rienda suelta a más de cuarenta años ensombrecidos por un constante recuerdo.

Espero que a mis lectores les guste, porque sé que muchos de ellos podrán identificarse con el sentimiento escrito.

Muchas gracias
Doria García-Albernaz

Índice

Otras distancias

Entre dos tiempos

Otras Distancias

Aquí estoy para vivir,
mientras el alma me suene.
—Miguel Hernández

Cuba, si tuviera la fuerza y el coraje
de apartar toda el agua de los mares
y llegar a tu orilla solitaria
como una gaviota que regresa
a morir en la arena de tus playas.

A dónde irán mis sueños
cuando soñar no pueda,
cuando se rompa el puente
que sostiene mis pasos.

—Doria García-Albernaz

*No quiero la noche sino cuando la aurora la hizo diluirse en
oro y azul, lo que mi alma ignora, eso es lo que quiero poseer*
—*Fernando Pessoa*

Comienzo a coser la noche
con la aguja del insomnio.
La aguja de la angustia
se me clava en la entraña
del destierro.

Soy la indiferencia de un pájaro
en su jaula.

El mar no es más grande que mis ojos
y el barco del dolor
navega en ellos.

Este mar que gime en mi distancia
se carga de naufragios
cada día.

Poesía es la forma de decir
te amo
es la dulce manera de robarte todo
es la alegre caricia de mi voz
cuando no hablo.
Poesía eres
oída por la música del mar
y eres
para el zumbido de los vientos
para el canto y chasquidos
de mis besos.
Contigo la nostalgia de los días
se hace noche.

Se sacude el silencio
en las arterias rotas
agonizan las voces
de los altos cipreses.

El tiempo teje arrugas
en cedros milenarios
sus raíces
detienen el minuto
aunque la vida marche
y caigan las hojas
de la anunciada muerte.

Cuelgo mis sueños
en la rama
mientras las golondrinas
hacen del verso un nido.

El tiempo rehén
se detiene en la ruta
de un fatigado invierno.

Se agota el verano
las golondrinas se desprenden
del verso que agoniza.

El vuelo de un ruiseñor
despierta cantos de olvido
—Yiya Ortuño

Vuelve al rumbo del estío
la vieja daga
vuelve a dar en el pecho.

No muere el olvido
la mente lo sepulta
por un rato.
El corazón lo despierta
y todo vuelve
salvado.

Lo olvidado y no enterrado
resucita.

Vivo
en la eternidad
de un corto tiempo
y muero en el espacio
minúsculo del día.

Efímero es el sol
vencido por las brumas
y la ultimada noche
que veloz se aproxima.

Una mística imagen de la luna
refleja la lánguida sombra de mi vida.
Bajo esa sombra
me gusta columpiarme.

De pie junto a la pared
que se derrumba
tropiezo con mi sombra.
Inalterable
el ruido no me angustia.
Conozco otras ruinas
con las que tropecé
en otros años.

No temo a la pared
temo a mi sombra
cuando choca contra mí
haciéndome pedazos.

Tropiezo en vano
la oscuridad ya no me aterra
ni este mundo apocalíptico.

No quiero ser preguntas
soy respuesta.
Del árbol soy raíz
jamás las hojas.

Esta soy yo
el oído reconoce mi voz lejana.
El espejo me devuelve
incompleta.
Quizás soy el futuro.

Soy
esta soy
y sin embargo
aún no me encuentro.

Yo soy solo la vida que te acosa
y tú eres la muerte que resisto.
—Jaime Sabines

Esa la que resiste
la que acosa
la rebelde
que no olvida.
La que vive y muere
sin fechas y sin reloj
mientras tú
inmóvil en lo apacible esperas
que llegue sonriendo la luz
que la mañana llegue
sonando su estrella solitaria
vistiendo de puro lino
mi corazón rojo escarlata.

Un eco llora en la distancia
tenue redoble de campanas.
Arrastradas por el viento
golondrinas
emigran a un paisaje desolado
en la distancia
dos puertos separados
por lamentos.

Y en el alma el clamor
de muchas voces
ahogan las palabras.

Ruedo en la lluvia amotinada y dispersa
en la alegría leve del recuerdo.
—Odalys Interián

Y me aferro
a esa soledad íntima
de quien no quiere
le invada el mundo
silencioso del recuerdo.

En las profundidades
asida a esas imágenes
que viven
impecables en el tiempo.

Nacer

Llegar a la vida
con la esperanza
de ser sol o sombra
a un mundo
que me abrió las puertas
que sembró en mi poesía.

Poesía no es más
que una colección íntima
de pasajes vividos.

La poesía será mi pasaporte
al consuelo.

Voces que gritan
en la luz del silencio.

Palabra amordazada
en los ecos
que viajan sin rumbo.

Pared de sal y arena
en la distancia del dolor
que se quiebra en la voz.

Lloran los sauces
la soledad del viento.

No hacer
es como hacer en contra.
No luchar
es rendirse
lamiendo con lengua débil
la culpa
para quedar culpables en un mundo
de miedos disfrazados.

Tras tus huellas
hallé un hilo de esperanza
donde coser mis sueños
que se han roto en el alma.
En el color de otro cielo
en el verde de mis palmas
pude encontrar los colores
para vestir silencios.

Y me dejo florecer en tu sangre
en ese ir y venir de tu mirada
en el verbo elocuente que enmudece
con el leve contacto de mi boca.

Y soy ayer
soy hoy
y soy mañana,
la que deja restos
en tu almohada
el rostro y el aroma del amor.

Luciérnaga que brilla entre las flores
es la claridad de tu sonrisa.

Como luna reflejada en mi laguna
luna que invita
a deshojar margaritas
entre mis sábanas.

Mi noche
te da la bienvenida solemne.

Se hace más larga la distancia
cuando pienso
en lo que he recorrido.

Es un camino la vida que termina
y es largo el sendero
que nos lleva a lo sagrado
a ese tiempo final.

Nos conduce la sombra
hasta el olivo.
Nuestro espíritu brillará.

Allí descansaremos de esta marcha.

Inventaré derrotas
fingiendo una victoria.
Simularé ser vencedora
de los tiempos y las guerras.

Pondré una tregua
y frenaré
la fluidez de la palabra.

En mi interior la luz vencerá
lo eterno del dolor
y la distancia.

Un sol que oculta
su luz
en ojos de nostalgia.

Un aire que se detiene
en los pulmones
del alma.

Una isla
pariendo soledad
y un mar que desafía
la esperanza.

Presumo ser yo
escribo
tratando de ver luz
en las tinieblas.

Un verso
gime entre las hojas
de un viejo cuaderno.

Sobrevivo a los tiempos
mientras gira la tierra.
Sobre el eje inoxidable
de la vida.

El mundo se sumerge
en una oscura carcajada.

Caravanas de rostros
pálidos y fríos.
Cementerio de risas
el mundo.

Y yo mirando
en súplica y desvelo
el desnudo paso de la vida.

Con cintas transparentes
até los vientos
y un remolino de memorias.

Volaron mis ideas
a un punto lejano.

Desnudo quedó el pensamiento.

Estás en mis horas
acomodas en mí
esas golondrinas
que llegan y absorben
la tristeza de lo ausente.
Para anidar
en la cálida brisa
de tu abrazo.
Rompiendo el silencio
de la noche
el leve chasquido
del recuerdo.

En los difíciles silencios
de esta vida
guiada tan solo por abismos.

Sin palabras
pululando en la espesura
de las noches
como luciérnaga sin luz.

Secuestrada
en la humedad
de la memoria.

Habito el rincón de los recuerdos.

Es el vértigo
la luz que agoniza
en los ojos apagados
del mundo.

En la ruta milenaria
de los tiempos
donde la paz se adueñó
de los sepulcros.

En mis ojos el mar
profundidad y abismo.
Caracolas envueltas
en luces de esperanzas
el horizonte al sur
estrella de regresos
imágenes dormidas.

En guirnaldas de anhelos
un sol entre mis manos
y palmeras en el alma.

Embriagado el paladar
en el fruto maduro de la noche
de su cosecha
se descuelgan sueños.

El árbol de los silencios
rueda por mis ojos.

Un panal de mieles
va regando caminos
para que nazcan regresos.

No temo a la tormenta
que descarga su furia
sobre las almas débiles.

Temo a la serena noche
que intimida
tatuada de ataduras
rasgando
la humedad de mis ojos.

Le regalo a la noche
mis desveladas lunas.

Recorriendo el camino
regalo de la vida
aprendí que un instante
vale más que mil años
y que una mano amiga
más que todos los brazos.

Este mar
cubre de frío mi cuerpo
y el alma se debate
entre las olas.
No sé cómo llegue
hasta la orilla
con la mente empapada
de recuerdos.

Mi corazón
envuelto en arena
cobija una luna temblorosa
entre caracoles de cenizas
colgada en lo profundo
de la espera

Estoy pintando soles
en todas tus palabras
para que alumbrar puedan
los silencios
y en ese laberinto
sin voz
y sin reflejos
brillante
calmoso
muere el eco.

Criatura
minúsculo grano de arena
en los mares del mundo
ser con sed de vivir
ola que rompe su cause
en playas olvidadas.
Esa que viste nostalgias
en las tardes de invierno
llorando tras las burlas
de la miseria humana.

Te espero aquí
entre la penumbra
de un mar bravío.

Noche extraña
envuelta
entre las olas del silencio
con los labios
repletos de añoranzas
para hallar
el significado del verso.

Sobreviviente
de un naufragio de sueños
entre las olas negras.

Aferrada
a la roca del olvido
que desconoce el alma.

Quiero encontrar el barco
que quedó sumergido
en la profundidad del viaje.

El tiempo
que borra las huellas
no pudo borrar mi esperanza.

De la vida lo hermoso
el respiro dulce
con olor a lirios
el tacto suave
con perfil de sedas.

De la vida lo eterno del amor
y ese sabor a dudas.
Lo frágil de un gemido
y lo amargo
en la enorme cavidad
del corazón que ama.

En todas mis angustias
como bálsamo
curando mis heridas.
En todos mis inviernos
como abrigo
para arropar mis dudas.

Volcán que arroja al viento
lava y cenizas.

Mañana tibia
convirtiendo en verano
todas mis noches.

La que no cambia
la que encontró un camino
para viajar sin prisas.
La que escribe en sus venas
el nombre de su raza.

La que no acepta el rumbo
de una vida vacía
ni se añade al silencio
de las gargantas mustias.

La que vence a la muerte
la que escribe su nombre
en una cruz de vida.

Encabezas la lista
de todas las plegarias.

Luz que emana
en las sutilezas del perdón.

Languidez del silencio
en ese abismo sin palabras.

Pájaros de cristal
revolotean tus ojos.
Ríos de miel en tus labios
olfateando recuerdos.

La alborada se tiñe de esperanzas.

Es largo el camino
y frío.
El reloj se adelanta
sin regreso.

La soledad es una nube que no pasa
que no despeja el tiempo.

El tictac del reloj
marca las horas
deshoja la distancia
y los recuerdos.

El silencio es un aullido
en la noche
y no quiere callar
otro silencio.

Solo una voz grita
y es la voz de la ausencia.

Desafío

En este volar sin alas
yo misma hilé el ropaje
que enciende y me acompaña.

Me faltó tiempo.
Nunca tuve brújulas
ni relojes
aprendí a desafiar horarios
y a romper silencios.

Cuesta tanto soñar
lo que tarda
lo que nunca llega.

Isla de mis desvelos

Átame a los penachos
de tus palmares.
Mójame con las aguas
del mejor riachuelo.
Cíñeme a la cintura
de tus maizales
y déjame beber tu sol
por el sendero.
Súbeme hasta lo verde
del Turquino.
Báñame con tu sal
y la belleza de tus playas.

Quiero besar la tierra
que me dio vida.
Las noches en que la luna
penetraba por mi puerta.
Quiero volver a mirar
el columpio bajo el árbol
y sobre el pino la estrella.

En esta piel que habito
siento el frío imprevisto de lo humano
lo que está por llegar
sin un anuncio.

Siento el frío de la guerra
lo que amenaza la vida
y siembra muerte.

Siento el principio y el fin
de un mundo en atropello.
Frío al estrechar la mano
de la oscura palabra
que habla y miente.

Solo me queda rezar
y resistir
el frío que cala hasta los huesos.

El mundo se conoce por el grito.

Te nombro

Me gusta ser palabra
y no silencio.
Por eso en mis noches
sin descanso te nombro.

Hilando recuerdos
y en la mente mutilando
lo desértico del silencio.

Estática en la búsqueda
te nombro
en lo innombrable
y amargo del recuerdo.

Mi sombra y yo

Mi sombra y yo
estamos solas
bajo un cielo que parpadea.

Se quiebra inmóvil
la tierra
en un rincón del horizonte
sobre los recuerdos.

Fotos

El pasado es una espada
que nos hiere
y permanece
clavada en nuestras almas.

El futuro es tan solo
la esperanza de liberarnos
de esa espada.

Languidece la noche
la luna en su blanca esfera
retrata una sonrisa
iluminando mi cielo.

Me cubre la nostalgia
que ahoga los recuerdos.

En el blanco castillo de esa luna
que lleno de ilusiones.
Me invento un paisaje de luz
y una esperanza.

No temo a las palabras
temo al silencio
a esos vientos callados
que duermen mis oídos.

Me gustan las trompetas
como rompen
los ecos que duermen
detrás de las montañas.

Son oscuros lamentos.

Y temo al silencio
en ese gesto amargo
de tu boca.

Me gusta el ruido de la lluvia
el fuerte tintineo de las gotas
que calan hasta gastar mis huesos.

Ruego

Sacrifícame este dolor
y esta tristeza
que mide las distancias entre mis lágrimas.

No hay fronteras
ni límites.
Ayúdame
a encontrar el camino de regreso
a sacar del corazón esta nostalgia.

Estas a un paso
solo a un paso de mí.
Ayúdame
a encontrar en este día
la sanación del recuerdo
que atormenta.

No hay llanto
mis pupilas quedaron limpias
miro tras ellas
al fondo de mi alma.

Mis ojos lo ven todo aún sin mirar
y mi voz se hace escuchar
aún sin palabras.

Endeblez

¡Qué frágil la palabra
que se quiebra!

Palabras que traicionan
en su triste coloquio de engaños.

Escucharé sin escuchar
el verbo endeble.
Ese que tuerce
y entierra tu palabra
en el pasado.

Busco algo que no huya de mi sombra
y en su paz disperse el eco.
—Luis Alberto Ambroggio

Busco el eco que no llore
ni parta entre sollozos
la palabra
que se pose en mis oídos
como abeja libando
de mi panal la miel.

Busco un eco
que como cascabel se torne en risa
y juegue con las ondas sonoras
del viento.
Un eco
que se pegue a mi sombra.
Un hechizo
que borre en mi palabra
la tristeza.

Noventa millas

Sueños quedaron perdidos
en un puerto lejano.
Gaviotas que volaron
extraviadas.

Nubes que se parecen
a otros cielos.

Naves que naufragaron
en todos los silencios.

Noches que se quedan sin estrellas.
apagan un sol
en ese frío eterno del regreso.

Juventud

Juventud que pasas
veloz
atravesando puertas
y ventanas
tratando de romper
sueños de antaño
en tantas primaveras.

No me despido de ti
perteneces
a esa colección resucitada.

No sé hasta cuándo
crecerá en mi interior
esta espera
cada vez más larga.

Contar los minutos
en un viejo reloj
triste reloj sin minuteros.

Desde ese calendario
que se acorta como el día
veo pasar inviernos
tristes veranos
de escasas primaveras.

Me faltan los otoños
pero sigo esperando
un *no sé qué*
que me abrirá la puerta.

He conocido el frío
en veranos ardientes
y el calor
de encendidos inviernos.

Supe luchar a solas
contra rotos fantasmas.

He formado mi mundo.

Conocí la angustia
de noches en desvelos.
He vestido la luna
con trajes de nostalgia.
Volé montañas
y atravesé mares
sin remos en la huida.
Abrí la estrella
de mi desesperanza.

Hoy soy una respuesta
a todas las preguntas.

Mi voz atrapa el llanto
y las palabras
quedan escondidas.

La urbe alborotada me descubre.

El mundo gira siempre
y yo estática
esperando encontrar
una palabra que socorra
un rayo de luz
una voz angelical
que me muestre por fin el camino.
La entrada triunfal a la alegría.

*El recuerdo no es más que una
página arrancada del libro de tu historia.
Tras las sombras de un recuerdo
que quita el sueño y aniquila el alma,
en la oscuridad de la nostalgia
allí puede nacer la luz de la esperanza.
Mi muerte será, cuando no tenga recuerdos,
ni sueños que soñar, ni batallas que pelear.*

*El tiempo no solo se mide con las
manecillas de un reloj, o las hojas
de un calendario:
También puede medirse con los latidos
del corazón amado.*

*Y quiero en la noche
mirarme en el espejo de la luna
y que las estrellas de tus ojos
enciendan hogueras en mi pecho.*

—*Doria García-Albernaz*

Hay un viento desenfrenado
que arranca las hojas
y arrastra las aguas
del pensamiento.

La noche ha sido larga
y tenebrosa.
Desemboco en un mar
sin salidas.

El péndulo marca el destino
de otro amanecer.

Un día más
en la distancia del ayer
y me parece eterno.

Sumergida en el recuerdo
carcelera en mi desértico
mundo de certezas.
La esperanza me sosiega
y me levanta.

Cíñeme señor a tu cordura
añádame
a la fe que tú creaste
y quítame este vértigo
que quema
orbitando
en mi estática galaxia.

Luna

Niebla es la tristeza
noche que no termina.
Brumas de misterios
y soledades muertas.

Recuerdos
impregnados
de dolor y guerra.
Luna
tú eres el fiel testigo
del amor y la muerte.

Algún lugar del mundo
tiene un llanto constante.

Voz del silencio

La voz más triste
es la voz del silencio.

Voz del miedo
que gime en lo profundo
de la entraña
donde mueren
las palabras.

Voz que conforma los versos
para un mundo de oyentes
que nunca escucha.

Un rayo de luz
y el corazón se hace lento
enciende
la chispa que no muere.

Arde en él
la esperanza del regreso.

Mi alma se resiste a las distancias.

Retrato

Inocencia
en ese candor.
En los ojos de un niño
veo retratada mi lejanía
y niñez.

La luna iluminando
una oscura calleja.

Un gato ronronea
lamiéndome los pies.

Retrato cotidiano
de inocencia y pobreza
que solo yo puedo ver.

¿Y si la muerte es la muerte, qué será de los poetas,
y de las cosas dormidas que ya nadie las recuerda?
—*Federico García Lorca*

No existe nada eterno
el ayer resiste al hoy
y el hoy es un principio
que a su final se acerca.

No hay brújula
para marcar regresos.
Solo existen calendarios
con días inconclusos.

La vida es laberinto
de silencios y voces
de rumbos no marcados.

Corazones bajo el mismo ritmo.
y un final se acerca lento
sembrado de esperanza.

El engañoso tiempo
me inventa la utopía.

Un paraíso
muestra caminos de lujurias
la manzana tentadora
el dulce vino.

El corazón se hace fuerte
y aprende a maniobrar.

Más soy la oveja fiel
y jamás retrocedo.

Hacia la eternidad
irán mis pasos.

Los misterios de la vida
son y es mejor no tratar de descifrarlos.
Son como el sol
que si se acerca quema
y es mejor ser prudente
ante sus rayos.

La prudencia
que hilvana los sentidos
nos hace contemplar
las mil preguntas.

Es mejor desconfiar
que esperar por los goces
prometidos.

Gloria de ser mujer
y con el corazón
repleto de ternura
elevo mis plegarias.

Con la suavidad
de una magnolia
doy gracias
a toda esta amalgama
que compone la vida.

Como no escribir
si cada palabra
lleva una carga incomparable.

Lágrimas
que derraman la tinta
de unos ojos hambrientos.

Hambrientos
de tu figura inmortal
que aparece erguida
en la memoria del libro.

Esta soledad
se parece a mis sueños
arrastra las ausencias.
Cadena irrompible
ciñe las ataduras y los miedos.

Mi conciencia
es de otros
y mía como la noche.

Esta soledad
es un océano de angustias
en medio del silencio.

Danzan figuras en mi mente.
Torbellino de luz que oscurece
este mar.
Jauría de lobos es esta soledad
quema sus culpas
en la hoguera inextinguible
de los tiempos.

Sin rumbo
navegué los mares
del recuerdo
anclé mi viejo barco
en ese puerto
donde por tantos años he vivido.

Solté las mil amarras
y en la proa
me siento a ver las olas
en la playa.
Las gaviotas que emigran
y en su vuelo
van dejando un remolino
de nostalgias.

Y ya no sé si soy del norte
o si soy del sur.
Ni sé a quién le pertenece
mi esperanza.

Entre dos tiempos

En dos edades vivimos los propios y los ajenos:
La de plata los extraños y la de cobre los nuestros.
—Luis de Vega

El adiós no es más que las
manecillas de un reloj que giran
para marcar la distancia entre dos
tiempos.
—Doria García-Albernaz

Mis ojos han llorado
la ausencia
de un cielo como este
con sus lunas.

Se acercan las distancias
y un nuevo despertar
nos intimida.

Recuperar los encuentros
de esta vida.
Vida dividida por los mares
y los hombres.

Un mar
un triste mar
para recuperar los sueños
que se pierden en la herida.

En su destierro sin testigos
el hielo se desgaja, quiebra su silencio en
avalanchas.
—Pilar Vélez

Cuando gimen los sauces
en el celeste velo
emprenden las estrellas
su nocturnal de luces.
En la húmeda tierra
germinan las semillas.

Canto la eternidad
clamor de voces
en las tristes conciencia
del destierro.

Sin más testigo que el dolor
mis ojos que ven todo
cantan la inmortalidad de la existencia.

Perla de las Antillas
niña mimada
eres sol en mi alegría.

Hoy tus calles se visten
de ignorada pobreza
sin risas
vagan tus hijos
en este triste canto.

Y cada nuevo día
que recibes el sol
tu llanto como perlas
desangran el Caribe.

Como buscarte
si aún no te he perdido.
Como no pensarte
si dentro del pensamiento
sigues siendo la gloria.

Si vives entero
dentro de mis raíces
dónde buscarte.
si eres mi historia.

La poesía

No es fácil escribir poesía
salen del alma las palabras
y se agolpan
y no puedes contenerles
el impulso.
La mente enloquecida
lanza un grito
y la pluma veloz
deja en el papel una quimera
manchada con la tinta
de sus lágrimas.

No es fácil escribir
si al final de cada verso
se escapa un clamor inoportuno
o un lamento de posdata.

¿Sufre más aquel que espera siempre
que aquél que nunca espero a nadie?
—*Pablo Neruda*

En cada minuto lejos de la patria amada
hay un amargo silencio.
Un deseo de libertad que acorta la distancia.
—Doria García-Albernaz

El poeta no es poeta
sin rasgar cada palabra
en sus entrañas.

Ni hace un solo verso
sin romperse
cada partícula del alma.

Me inventé una primavera
en puro otoño
escribí rosas azules en el hielo

Soy la jardinera
que cosecha un rosal
para los versos.

Llevo vida en mis manos
amores en este corazón
pobre y marchito.

Por mis venas corre la tinta
para dejar huellas inmortales.

Te necesito a ti lector amigo
te necesita el verso.

No dejes que se olviden
mis palabras.
No dejes que se acaben mis poemas.

Parecido a la muerte
es el silencio
lánguido y seco.

Donde los labios
ocultan las palabras.
Huele a muerte el verbo
enterrado en mi interior.

Se quedan las preguntas
sin eco y sin respuesta.

Meciendo tu recuerdo
meciendo el pensamiento
en un rincón
remoto de la historia.

Incoherencias

Busco lo que quizás
nunca he perdido
queriendo encontrar en la memoria
lo que está a flor de piel.

Rasgando la membrana del silencio
para acallar la voz de la distancia
que ha paso acelerado
queda inerte en la quietud.

Quiero beber tu risa
para tragarme y frenar
con rienda suelta la locura.
Beberte la noche traviesa
y sembrarte mil amapolas
de algún camposanto.

El saco de la vida

Quiero llevar en el saco de la vida
todo lo que me sirva
allá en la muerte.
Quiero llevar las manos llenas
con la suave caricia de los míos.
Para arropar el largo invierno
de mis huesos.
Quiero llevar repletos mis oídos
del murmullo alegre de la risa.
Llenar mis ojos
del verde de los campos
y la frescura de los lirios.
Quiero llevar entera
en el saco de la vida
todo lo que viví del goce.
Y saborear la verdad
que derrota la mentira.

El recuerdo que deja un libro es más importante
que el libro mismo.
—*Gustavo Adolfo Bécquer*

Soñar y querer alcanzar los sueños,
en esa desafiante ola que es el mundo
en que vivimos y que a veces
parece querer tragarnos,
en sus aguas tempestuosas,
en medio de ese querer y no poder ser,
está el desafío que es vivir.
—Doria García-Albernaz

Luz

Sin rezos
sin flores y llanto
marchó mi corazón
una mañana.
Sin volver la cabeza
y mirando sin mirar tras la ventana
donde mis pasos se perdieron.

Me envolvió el mundo
y en la soledad
quedé atrapada.
Tras la lápida fría resucito
y veo florecer otras mañanas
un corazón llora junto a un rezo
rescatado por la luz de la esperanza.

Piedras del olvido

Visto mi desnudez
con poesías.
Meciendo la memoria
el recuerdo
que dormita entristecido.

Quédate en la distancia
suspendido en la luz
en un rincón remoto
de la niebla.

Florecerán las piedras del olvido.

Vengo de un verde
y de un azul transparente
donde se oculta el dolor.
De allí soy
y de las palmeras
del son que baila en la noche
bajo algún techo de guano.

Soy
de allá vengo
donde todas las quimeras
se abrazan al corazón.

Alas
para emprender la huida
un vuelo amargo.

Soledad y destierro
dos compañeras de eternidades.

Un mar y sus tristezas
me ayudan a escribir
estos poemas.

Mi vieja Rinconada
(En memoria a mi viejo amigo Oscar Lima, El Judío Errante)

Mi Musa quedó atrapada
en un rincón habanero
o quizás en un sendero
de mi vieja *Rinconada.*
En el alma bien guardada
se quedó mi inspiración
y dentro del corazón
germinó cual maravilla
la más hermosa semilla
que se convirtió en canción.

El verdor de la campiña
junto al rojo del camino
dieron color al destino
cuando apenas era niña
sabor a mamey y piña
a caña recién cortada
a sabrosa limonada
que prende en mi paladar
para jamás olvidar
a mi vieja *Rinconada.*

Palabras

Palabras que no cumplen
su destino
como lágrimas resbalan
sobre nuestras miserias.

La nebulosa de la angustia
arrastra palabras
que corren como ríos
y van a dar contra las piedras.

Nadie podrá reír
ante el vacío
que deja una palabra.

Un desafío es la vida
a esa temprana edad
donde los sueños crecen.

Juventud vivida aprisa
sin tiempo para acunar
los desengaños
las grandes sombras del amor.

Días cercenados
por unas rojas manos
cerrándome las puertas.

Un vuelo de paloma
cruzó mares
con alas a medio emplumar
y del otro lado
¡el mundo!

Allá quiero llegar
donde la soledad
y la tristeza
no hallen albergue
donde el recuerdo
abrigue la memoria
En esas páginas
quiero escribir mi nombre.

> *En esta esquina de áspero destino,*
> *donde vinimos a esperar la muerte...*
> *—Josefina Leyva*

Solo una sombra
empaña el pensamiento.

Pensar la muerte
saber que el débil hilo
de la vida se rompe
y que un cielo indiferente
nos cubrirá.

En esta esquina de la vida
donde risas y llantos
jamás borrarán
tu imagen de mis ojos.

Colgaré mis cuadernos
consumiré la tinta
y guardaré mi verso
en suelo extraño.

Canto a mi hija

Cuando mi pluma se quede sin tinta
y se agote el papel y la existencia
y en las noches no escuches mis suspiros.

Cuando el sol no caliente los inviernos
y la luna se oculte tras la nube
y las estrellas pierdan todo el brillo.

Cuando el llanto de un niño sea más triste
y los gorriones ya no canten en sus nidos.
Cuando el viento no sople ya con fuerza
y mi voz no te susurre en la distancia.
Cuando mis ojos no lloren los domingos
y mi mano no acaricie tus cabellos.
Cuando te sientas sola
toma este libro y lee.
Siempre estaré esperándote en mis versos.

Deja que el otoño
deje caer sus hojas
y como lágrimas secas
corran por las ramas.

Deja que el invierno
se acerque
a llenar de nostalgias
nuestros días.

No le temo a las olas
que chocan en mi playa
ni a las altas mareas
que se llevan la arena.

No le temo a la noche
si me sorprende sola
me bastará el brillo de la luna.

El mar no me castiga
piso la tierra firme
y mis pies no resbalan.

Soy el águila herida
que espera algún rescate.

Diré a mi corazón
que emprenda el vuelo.
Cruzaré los mares
como esa gaviota
que regresa a su nido.

Cruzaré las colinas empinadas
volaré los valles
y en un recodo del camino
el más hermoso
descansaré.

Cuando crucen los pájaros
sabré que estoy muy cerca
de mi suelo.
Allí me gustaría morir
mirando el viejo sol de la campiña
y los penachos de mis palmas.

Como hiedra
que se agarra a la pared del viejo barrio.
Me basta solo una gota de rocío
para regar el campo.

Me aterra el invierno
y mis raíces son brazos
que abrazarán la tierra.

Como el ave Fénix
renazco en el minuto
del recuerdo.
Vivo para no morir
en la hora pasada.
En la eternidad de una oración
me elevo.

Soy un granito de arena
en un mar de sal
me multiplico y crezco
ante el dolor hermano.

Soy la esperanza de mi propio yo.

Esta soy
una Cuba triste
por que atrás quedaron
mis palmeras
y el verde de los campos.

Mis montañas
se aparecen en sueños
donde quiera que vaya.

Esta soy
la Cuba que emigró
a otros lugares
llevándose consigo
sus raíces
pero dejando el alma
en sus palmares.

Clamo por los que sufren
por los ojos apagados de los niños
y la boca amordazada de los justos.
Por el que injuria a la mujer
en su mal destino.
Clamo piedad para el anciano
para la tierra y el cielo
que no tienen estrellas
porque el sol se llenó de cicatrices.
Clamo por la verdad
oculta tras la nube mentirosa.
Por lo sanguinario
de esa paz que se ha quedado prisionera
tras los muros de la envidia y la ignorancia.
Clamo por un mundo mejor
que perece en las manos maquiavélicas
que arrasan con la estirpe y la moral
de la nobleza
y echa por la borda la esperanza.
!Clamo a ese Dios
que espera del hombre una plegaria¡

!Qué alegría tiene el hondo
silencio de la calleja!
Un silencio hecho pedazos
por risas de plata nueva.
—*Federico García Lorca*

Son los niños de mi barrio
con su sana algarabía
dándole vida a las calles.

Calles empobrecidas
por los gritos de la guerra.
Se sorprenden que a los niños
ningún grito los detiene.

El silencio callejero
se estremece con la risa
y la inocencia.

Paradoja del destino
que lucha insistentemente
por abrir nuevos caminos.

Que no falten sueños
a tus noches
ni falten esperanzas
para vestir tus lunas.

Que el sol siempre caliente
y la lluvia refresque
cada rincón soñado.

Qué la fe te acompañe
que la paz
y el amor se derrame
sobre tu vida.

Aquí ante la naturaleza
me siento diminuta
tan insignificante
perceptible y opacada
por el color del campo
el ruido de las cascadas
y el zumbido del viento.

Soy esa llama
que no quiere apagarse
entre las brumas
de un mundo que agoniza.
La chispa del amor
que apenas se percibe.

Del ayer soy la mecha
una lámpara vieja
que apenas ilumina.

Mañana seré
esa pequeña luz apagada
en su breve eternidad.

Oculto tras la palabra
que revela su nombre
entre las sombras
de una negra tinta
el poeta se inspira
en el suave remanso
de la soledad

Y entre los silencios
escribe
se deshojan nostalgias.

Mi sonrisa es llanto
la mueca imborrable
que transformó mi cara
en una vieja esperanza.

Deshojando mi palabra
tu silencio.

Después de haber cruzado
un mar en calma
mi voz y mis ojos lloran.
Hilvanando uno por uno
los recuerdos.

Sé que habrá un mañana
y que me espera.

Nota de la autora

Mi verdadero nombre es: Doria Olga Carrasco Bacallao. Al llegar a los Estados Unidos de América tuve que adoptar el apellido de mi primer esposo (García) y comenzar a usar solamente mi primer nombre (Doria). Al paso de los años enviude y me case de nuevo con mi actual esposo (Albernaz).

De nuevo tuve que utilizar el apellido de mi actual esposo, pero como mi hija tiene el apellido de su padre (García) no quise deshacerme de el por respeto y amor a mi hija.

Por lo tanto: Doria Olga Carrasco Bacallao es la misma que Doria García-Albernaz.

www.ingramcontent.com/pod-product-compliance
Lightning Source LLC
Chambersburg PA
CBHW032039040426
42449CB00007B/944